Des édits d'expulsions des Juifs de France.

Richard ROSSIN

Des édits d'expulsions des Juifs de France.

*

Petit bréviaire.

ISBN 9-782322-397815

Édition : BoD – Books on Demand
12/14 rond-point des Champs-Élysées,
75008 Paris
Impression : BoD - Books on Demand,
Norderstedt, Allemagne

Dépôt légal : Septembre 2021

Introduction

Le premier massacre de Juifs, du simple fait de leur identité, eut lieu en 38 de l'ère commune à Alexandrie dans l'Egypte romaine de Caligula. Il fut le fait, après le passage triomphal du roi Hérode Agrippa 1er, des Grecs de la ville qui s'opposaient à ce que les Juifs puissent accéder, comme eux, à la citoyenneté romaine. Ils poussèrent malicieusement à ce qu'une statue de l'empereur fut installée dans les synagogues afin de provoquer des troubles à l'ordre public, prévoyant bien que les Juifs s'y refuseraient. Le massacre commença sans que les autorités impériales n'intervinssent. Les survivants furent enfermés dans un étroit quartier et affamés ; ceux qui tentaient de s'échapper étaient suppliciés à mort.

Ce modèle de la mécanique mortifère allait faire fortune de par le monde et se répétera lors des poussées de fièvres haineuses plus ou moins utilisées par les pouvoirs en place. Ceci est une introduction, les prémices en mauvais fruit à ce qu'il se passera par la suite : des persécutions et des expulsions y compris, évidemment, dans le royaume de France.

Nous ne parlerons pas, ici, des persécutions mais des expulsions du royaume de France. Les Juifs arrivèrent dans ces territoires pendant l'Antiquité, lorsque la République Romaine était déjà malade de son expansion. L'empire romain arrivait.

Habituellement, en matière d'expulsion des Juifs en Europe, vos interlocuteurs connaissent la deuxième expulsion espagnole de 1492, rarement la portugaise de 1497 tout aussi dramatique. Demandez : *et en France ?* La réponse est habituellement un « jamais » catégorique, parfois une moue dubitative, un bredouillement sur le Moyen-Âge. Reste à s'interroger sur les causes de ce déni collectif. Le silence des eaux de l'ignorance ne fait pas tarir les débordements oraux dévastateurs.

Tentons d'endiguer. Si dans mémoire, on entend le phonème « même », il ne faut pas en limiter les effets à une métastase du temps mais mettre le passé au profit de l'avenir.

Avec le déclin de l'Empire Romain, Rome avait perdu ses valeurs, des Francs, un peuple germain qui s'était installé dans la Belgique actuelle, traversent les Ardennes (les Teutons traversent toujours les Ardennes). Ils s'emparent assez rapidement du territoire entre le Rhin et les Pyrénées, à l'ouest du Rhône. C'était un monde barbare et plutôt sanguinaire qu'une foi nouvelle poussait à une piété folle. Non que le christianisme ait inventé l'antijudaïsme, on l'a vu, mais il l'a renouvelé. Soucieux de se démasquer de leurs aînés en religion, les Chrétiens ont d'abord souligné leurs différences puis, représentants de la religion officielle de l'empire avec Constantin, ils se mirent à se méfier de l'influence que pourrait encore exercer le judaïsme sur le christianisme. L'Eglise fit du Juif un corps étranger aux sociétés. Pour les Juifs, frémirent alors progressivement les affres d'une histoire nouvelle jusqu'à la folie contemporaine.

Pour les Juifs du royaume de France, les expulsions commencent en 533.

I/ Les premières expulsions sont au nom de la religion.

Les premières expulsions sont mérovingiennes. Les Francs vainquirent donc les Romains en Gaule (486) et le Haut-Moyen-Âge commença. Qui ne se souvient, après le fameux épisode du vase de Soisson, du baptême à Reims de Clovis avec trois mille de ses guerriers, par l'évêque Remi un 25 décembre[1] ? Le petit-fils du roi Franc salien[2] Mérovée se soumettait au pouvoir de l'Eglise Catholique[3] et Romaine. À la suite de Rome, les Mérovingiens faisaient leurs les pensées, les luttes et les ambitions du christianisme. Depuis longtemps, les conciles, sans beaucoup d'effet, ne cessent de demander à séparer les Juifs des Chrétiens. Il semble qu'au grand déplaisir des ecclésiastiques, les fidèles ne faisaient à l'époque pas beaucoup de différence entre les églises et les synagogues. Avec la

---

[1] Entre 496 et 506.

[2] Originaires donc de l'estuaire du Rhin. On connait la loi salique dont les règles définiront les successions au trône de France et leurs problèmes…

[3] C'est-à-dire, étymologiquement, universelle.

conversion du roi et de sa cour, les hiérarques chrétiens entrent au conseil et deviennent omniprésents.

533: la première expulsion.

En matière d'expulsions, tout commence donc au matin du Moyen-Âge. En 533, un fils de Clovis : Childebert 1ᵉʳ, roi de Paris et d'Orléans puis aussi de Bourgogne, prend contre les Juifs refusant de se convertir au christianisme, un arrêté d'expulsion. Les mariages mixtes avec des Juifs avaient déjà été interdits sous peine d'excommunication. Il faut penser que cette mesure de bannissement par le bâtisseur de l'église Saint Germain des Prés ne fut pas trop suivie d'effets puisque le concile d'Orléans de 538 jugera encore utile d'alerter les fidèles chrétiens contre les *superstitions juives*, et d'ordonner aux Juifs de s'abstenir de tout déplacement le dimanche. Ceci parait symptomatique de la puissance du pouvoir religieux sur le pouvoir royal. Un édit probablement peu suivi d'effets, néanmoins, le doigt est dans l'engrenage.

630 : la deuxième expulsion.

Et l'engrenage fonctionne bien à la Cour itinérante mérovingienne. Le roi Dagobert 1er n'était ni si débonnaire, ni si fainéant, ni plus mal mis que ses contemporains. C'est à force d'intrigues et de meurtres qu'il régna sur le monde mérovingien dont il fut un des rois les plus brillants. Il avait de nombreuses épouses et de plus nombreuses concubines encore. Cependant, très pieux, il fit bâtir de nombreuses institutions religieuses dont l'abbaye de Saint Denis où il fut le premier roi inhumé. Son fameux ministre, Eloi, était un orfèvre particulièrement habile, forgeron d'un siège royal en or puis, « maitre de la monnaie », il s'était efforcé de restaurer l'autorité royale sur sa frappe. Il devint ecclésiastique à la mort du roi puis fut canonisé et choisi pour patron des orfèvres.

Il est raconté que Dagobert (comme Sisebut, le roi wisigoth d'Espagne) reçut en 630 une lettre de l'empereur de Byzance Héraclius qui venait de reprendre Jérusalem aux Perses après 14 ans de guerre. Héraclius écrit, avoir fait le rêve que Jérusalem, la ville dont Byzance avait hérité des Romains, lui serait arrachée par *un peuple circoncis*. Néanmoins, Dagobert avait déjà, en 629, demandé aux Juifs de Paris qui habitaient rue de la Juiverie (aujourd'hui, rue de la Cité) de se convertir. Le canon officiel de l'Eglise interdit les conversions forcées, alors, devant leur refus, il publia un édit d'expulsion des Juifs de son royaume en 633 alors qu'arrivaient, depuis quelques années, d'Espagne, les expulsés du roi wisigoth Sisebut (expulsion de 615 au terme de nombreuses persécutions). C'est ainsi que, pour la première fois, les Juifs furent bannis des royaumes chrétiens d'Espagne et de France. L'affaire est avant tout religieuse. Le seul exil que les Juifs refusent, est l'exil hors d'eux-mêmes.

Les expulsés de France se réfugient dans la vallée du Rhin au Nord et en Provence dans le Sud. En fait, on ne sait pas vraiment l'importance des effets de ces édits mais ils furent pris.

Quand à Jérusalem, elle tomba effectivement, huit ans plus tard, aux mains d'un peuple circoncis : les Arabes musulmans du calife Omar. On doit à Omar un *traité* dit *de tolérance*, un traité qui n'était pas discutable et qui faisait des non-musulmans monothéistes des sous-hommes avec, notamment, obligation de porter un signe vestimentaire distinctif ; celui des Juifs était jaune. Une tolérance qui est une non-tolérance, une marginalisation sociale assortie de mesures vexatoires et fiscales lourdes !

En territoire franc, avec le temps, le pouvoir des Mérovingiens s'étiole au profit des Carolingiens qui auraient plus vaillamment lutté contre les invasions arabes. On se souvient plus de la bataille de Poitiers en 732 que de la victoire du roi

Eudes au siège de Toulouse en 721 par les Musulmans Omeyades d'el-Andalous. Sous ces nouveaux maîtres européens, autres Francs mais de la lignée de Charles Martel, la situation décrite idyllique dans l'empire était en fait pour les Juifs « moins pire » : il y avait des mesures d'exception à défaut de vraies persécutions.

Au terme de cette période, Hugues Capet ravit le pouvoir aux Carolingiens avec l'aide de l'Eglise et notamment de Gerbert d'Aurillac, futur pape Sylvestre II, qui tenta vainement d'introduire la numérotation par position avec les chiffres dits arabes qui venaient en fait d'Inde. Hugues Capet a autonomisé de l'Empire carolingien, une « Francie occidentale » morcelée. Né à Dourdan, le roi meurt dans son château nommé Judeis (Les Juifs), aujourd'hui disparu, près de Chartres.

II/ Les expulsions plus économiques des capétiens au Moyen-Âge

1182 : la troisième expulsion du royaume de France.

Le Haut-Moyen Âge se termine dans une sorte de chaos politique avec la pression des Vikings et les Capétiens qui prennent le pouvoir. C'est le Moyen Âge central.

Le premier édit d'expulsion des Juifs de France dont on connait les effets est celui de Philippe Auguste. Pendant cette période, malgré les incroyables persécutions et massacres à la suite de la première croisade moins d'un siècle plus tôt, le judaïsme français est encore extraordinairement vivant ; c'est l'ère des tossaphistes, les continuateurs de l'œuvre de Rachi, avec leurs nombreuses écoles dispersées sur le territoire. Le judaïsme français est la lumière de son temps. Néanmoins, les Juifs sont marginalisés parce qu'il leur est notamment interdit de travailler la terre et ils sont exclus des corporations actives sous l'égide de « saints patrons ». Contre les persécutions des Juifs, on avait pourtant vu se lever Bernard de Clairvaux, prêcheur de la deuxième croisade entreprise par Louis VII, père de Philippe Auguste : *Ne touchez pas aux Juifs, ils sont la chair et les os du Seigneur. ... Il ne faut pas s'attaquer aux Juifs, ni les tuer, ni même les expulser. [...] Ils ont été dispersés et souffrent un dur exil sous des souverains chrétiens.* C'est d'ailleurs la thèse officielle de l'Eglise fondée sur les Pères des Ve et VIe siècles : *Il est interdit de tuer les juifs, tout en les abaissant, parce qu'ils témoignent de la vérité de la foi chrétienne.* En cela, il est d'accord avec son ennemi intime Abélard qui s'émerveille de l'absence d'analphabétisme chez les Juifs. L'Église qualifie les Juifs de *peuple déicide,* leur attribuant collectivement et pour l'éternité, la mise en croix de Jésus par les Romains mais elle ne manifeste aucun désir de les éliminer. Les Juifs sont ainsi les seuls non-chrétiens tolérés en Occident ! Les Musulmans n'y sont pas tolérés.

Philippe II, donc, fils d'Alice de Champagne, troisième épouse du roi Louis VII[4], avait quinze ans lorsqu'il monte sur le trône en 1180. Il n'était pas

---

[4] La première épouse fut Aliénor d'Aquitaine.

encore Auguste mais surnommé Dieudonné tant ses parents avait espéré l'enfant. A son accession au pouvoir, les caisses étaient vides. Pourtant, Paris connaissait un grand essor et les commerçants chrétiens jalousaient leurs collègues juifs. Donc, pour le jeune roi, les Juifs étaient et des ennemis de la Foi et aussi des concurrents inquiétants pour la bourgeoisie chrétienne naissante. En 1181, le roi de France les fait arrêter un jour de Shabbat dans leurs synagogues, et les dépouille de leur or, de leur argent, de leurs vêtements[5] puis, les libère en échange de 15.000 marcs or[6]... une grosse rançon. Enfin, il fait annuler les dettes contractées à leur égard pour s'en faire remettre 20%.

L'année suivante, le 10 mars 1182, il prend l'édit qui les expulse et les dépouille de leurs biens restants ; la spoliation est une nouveauté qui fera fortune. La vieille synagogue de Paris dans l'ile de la cité

---

[5] Rapporte le chroniqueur anglais Raoul de Diceto.
[6] Un marc = 244,752 g d'or. Donc 3 tonnes 750 kilos...

devient l'Eglise Marie Madeleine, l'ancien cimetière (au croisement des boulevard St Michel et St Germain) est donné à la Sorbonne, les pelletiers reçoivent les maisons des Juifs de la rue de la Pelleterie (aujourd'hui quai aux fleurs), les drapiers celles de la rue de la draperie (devenue rue de Lutèce), le roi fait construire le marché couvert des Halles sur des terrains confisqués, etc... A l'époque, le domaine royal est limité à la région entre Paris et Orléans, la région de Bourges et une petite partie de la Champagne et de la Bourgogne.

Seize ans plus tard, en juillet 1198, après avoir tenté vainement de reprendre Jérusalem lors de la troisième croisade avec Richard Cœur de Lion (qui, lui, avait protégé les Juifs de son royaume) et avec l'empereur Fréderic Barberousse (qui se noie en chemin), Philippe Auguste veut rappeler les Juifs. Son royaume a été saigné par la croisade puis par sa guerre avec Richard Cœur de Lion. Evidemment, chez les rappelés, l'enthousiasme n'est pas au rendez-vous si bien que le roi promulgue un édit énonçant *qu'aucun seigneur ne pouvait accaparer le juif d'un autre seigneur*!! Il avait réifié les Juifs. Il signe avec son parent Thibaut III de Champagne un accord de rétrocession sous forme d'extradition réciproque. Le roi n'avait plus personne à extrader mais besoin des Juifs pour contribuer à l'essor économique du royaume. D'emblée, un impôt frappe toutes les transactions financières des Juifs devenus propriétés de la couronne et complètement soumis à l'arbitraire. Un étrange goût de déjà vécue d'histoire pharaonique. Un serf est un esclave.

Pendant ce temps, ceux du Languedoc et du comté de Toulouse vivent en paix et prospèrent, la vie intellectuelle y est intense. C'était sans compter avec l'avidité du roi de France et les volontés hégémoniques de l'Eglise. La croisade dite des Albigeois commence en 1209 avec l'aval de Philippe Auguste et sous la pression du pape Innocent III.

C'en sera fait du comté de Toulouse auquel le 1er légat du pape Pierre de Castelnau reproche non seulement d'avoir laissé se développer le catharisme mais encore d'avoir protégé les Juifs. Puis, la région est ravagée par le nouveau légat papal, Arnaud Amaury, et le tristement célèbre Simon de Montfort. Les Juifs sont moins systématiquement massacrés que les Cathares « génocidés » pendant plus de vingt ans. Raymond VII de Toulouse réussit temporairement à reprendre ses possessions qui, à sa mort en 1249, reviennent à son gendre, Alphonse de Poitiers, frère du roi Louis IX. Les Juifs sont soumis au régime arbitraire du servage qui les régit dans le royaume de France : impositions forcées, menaces d'expulsion, port de la rouelle. Ils fuient vers l'Aragon et la Provence fief de Charles d'Anjou, autre frère de Saint Louis mais au règne plus libéral.

1254 : la quatrième expulsion.

Louis IX donc, n'était pas encore Saint lorsqu'il accéda en 1226 au pouvoir à l'âge de 12 ans. Il avait hérité de son grand père Philippe Auguste une prévention contre les Juifs. Le royal grand-père et le royal fils n'étaient pas les seuls atteints de cette prévention. : en 1240, les Juifs de Bretagne sont expulsés. Cette année-là, le roi, avec l'aide du dominicain Nicolas Donin, apostat au judaïsme qui avait étudié auprès de Yehiel de Paris et qui rêvait probablement d'en découdre avec son ancien maître, organise le procès du Talmud. Le 3 mars 1240, le pouvoir royal fait saisir tous les exemplaires de l'ouvrage pendant que les Juifs sont à la synagogue. La controverse commence à Paris le 12 juin, en présence de Blanche de Castille, mère du roi.

C'était la première disputation judéo-chrétienne publique et la sentence était connue d'avance. Pourtant, il a fallu deux ans pour qu'elle soit rendue : en Juin 1242, 24 charretées du livre furent livrées au bûcher. Louis IX part en croisade (la septième) en 1248.

En 1250, le roi Louis et ses frères sont prisonniers en Egypte. La nouvelle de la captivité du roi lève une émotion populaire exacerbée par les problèmes sociaux. Un moine prétend avoir été visité par la Vierge Marie et appelle à une croisade des humbles pour le libérer. Ils montent vers Paris puis se répandent dans le pays pillant partout et massacrant les Juifs par milliers ; la croisade avait tourné à la jacquerie et à ce qu'on nommerait aujourd'hui au pogrom. Seule la mise à mort du prophète des émeutiers stoppe le fléau. En Egypte, les Templiers paient la rançon du roi qui rentre en 1253 dès l'annonce de la mort de sa mère. A son retour, en 1254, le roi bannit par édit les Juifs de France. Yehiel de Paris et d'autres rabbins avaient déjà émigré vers la Terre Sainte.

C'était la quatrième expulsion des Juifs de France mais, évidemment, la mesure est assez rapidement rapportée en échange d'un versement d'argent au trésor royal. En 1259, le roi impose aux Juifs le port de la rouelle, morceau d'étoffe jaune inspirée du fameux pacte d'Omar. Il suivait en cela l'avis du concile de Latran de 1215 mais, avait ajouté qu'on le portât à la fois dans le dos et sur la poitrine. Trente ans après sa mort, sous les remparts de Tunis où son fils Philippe III le Hardi avait été proclamé roi, le pape Boniface VIII le canonise.

Le Hardi récupère les terres méridionales de son oncle Alphonse de Poitier en 1271 ; les Juifs de Toulouse et d'Aquitaine partagent dès lors complètement le destin de ceux du royaume. Par contre, en 1274, il cède le Comtat Venaissin au Pape, ce qui permettra aux Juifs d'y subsister jusqu'à la Révolution française en dehors d'une expulsion en 1569 partiellement appliquée et contraignant les Juifs à être enfermés dans les « carrières » comtadines.

1306 : la terrible cinquième expulsion

Puis, en 1285, Philippe IV le Bel, le roi de France le plus violent à l'encontre des Juifs, accède au trône. Pourtant, il avait épousé Jeanne de Navarre, comtesse de Champagne, une terre où vécu Rachi et où la large communauté juive avait longtemps été protégée. La prospérité est parfois dangereuse, avant d'être roi, il tire des Juifs du domaine de son épouse 25.000 livres[7] pour confirmation de leur *droit d'établissement* en 1284. Il avait trouvé une source de revenus et, pour que les choses soient claires, en 1291, il ordonne aux Juifs récemment expulsés d'Angleterre de quitter Carcassonne au motif qu'ils ne possèdent plus rien...

Commence une invraisemblable histoire de spoliations légalisées : 1292 taxe sur les Juifs, 1294 expulsion des juifs de Nevers, 1295 arrestations des Juifs qui

---

[7] Environ 10.200.000 euros.

ont huit jours pour racheter leurs biens saisis à défaut de leur vente au profit du Trésor royal, en 1300 expulsion des Juifs d'Angers et encore de nouvelles taxes spécifiques en 1299 et 1303.

En 1306, ses caisses sont à nouveau vides et le roi décide de tuer la poule aux œufs d'or : le 22 juillet, les Juifs sont brutalement expulsés, leurs biens confisqués et le roi s'approprie leurs créances. Les Juifs doivent encore payer pour pouvoir quitter le royaume ! Pour exemple, les biens vendus par l'administration royale des Juifs du Languedoc rapportent soixante-quinze mille livres à la sénéchaussée de Toulouse.

Plus de cent mille personnes sont jetées sur les routes dans des conditions épouvantables, ils sont souvent attaqués et maltraités en chemin. Certains meurent d'épuisement, de faim, de désespoir. Ils fuient vers l'Alsace, la Savoie, la Provence, les pays d'Italie, d'Allemagne, en Espagne et en Terre Sainte. Des querelles sur le pillage se font jour entre les seigneurs et le roi qui fait valoir qu'il est le seul et unique propriétaire des biens des Juifs établis dans son royaume. Il s'agissait autant d'assoir l'autorité que d'ordonner la charité.

Cette cinquième expulsion fut irrémédiable pour le judaïsme français et catastrophique pour la marche de l'économie du royaume. Le chroniqueur Geoffroy de Paris regrette d'ailleurs les prêteurs juifs plus débonnaires que les Chrétiens :

> *Car Juifs furent débonnères*
> *Trop plus en fesant telz affaires*
> *Que ne furent ore chrestien.*

Pour être plus complet, Philippe IV, avec l'aide du pape, a aussi massacré et spolié les Templiers : question d'argent et de pouvoir. Le Grand Maître Jacques de Molay fut supplicié le 18 Mars 1314 sur le bûcher de l'îlot des Juifs à la pointe ouest de l'île de la cité8. C'était le règne de la morale au nom de l'Eglise versus l'éthique. Cet îlot, aujourd'hui square du Vert galant, devait son nom aux nombreux Juifs qu'on y avait fait brûler, spectacle qui était bien visible depuis la Tour de Nesle (disparue au XVIIème siècle).

Le 29 novembre 1314, Philippe le Bel meurt au cours d'une chasse au sanglier, jeté bas de son cheval. Son fils Louis X le Hutin rappelle, dès 1315, les Juifs *de commune clameur du peuple*. Mais, chat échaudé craint l'eau froide, assez peu reviennent d'autant que le temps de résidence est limité à douze ans par contrat formel et que les créances anciennes recouvrées par ceux qui sont revenus sont tellement taxées qu'elles rapportent encore au trésor royal 122.500 livres[9]. Les impôts payés par les Juifs sont plus lucratifs pour le trésor royal que la spoliation pure et simple de leurs biens. Le

---

[8] Aujourd'hui square du Vert-Galant, face et un peu Est de la Tour de Nesle à l'époque.
[9] Environ 830 kilos d'or.

Hutin, au terme d'un court règne de deux ans agité par le scandale de la Tour de Nesle, juste face à l'ilot aux Juifs sur la rive gauche de la Seine, meurt sans héritier mâle direct.

1322 : la sixième expulsion.

Son frère Philippe V le Long qui lui succède, meurt six ans plus tard lui aussi sans descendant mâle. Le troisième fils de Philippe le Bel, Charles IV (dit lui-aussi le Bel) succède à ses deux ainés. Il n'y aura pas eu besoin d'attendre le terme des douze années pour expulser les Juifs

En 1320, sous Philippe le Long, une seconde croisade dite des pastoureaux, rapidement excommuniée par le pape Jean XXII, se lève d'abord en Normandie, gagne Paris qu'elle quitte pour se répandre vers la Guyenne et la Navarre, remonte la Garonne, atteint Toulouse puis Carcassonne et Narbonne. Elle laisse derrière elle un hallucinant cortège de massacres de Juifs, des centaines de communautés disparaissent. La croisade tourne de nouveau à la jacquerie, les rois de France et d'Aragon l'écrasent. De son côté, Philippe V persécute aussi les Juifs. Il leur reproche d'avoir suscité ces troubles par leur seule présence ! Ainsi prend-il une ordonnance d'expulsion le 24 juin 1322 : elle sera exécutée par son frère Charles IV en 1323. Le prétexte est une supposée conjuration avec les lépreux pour empoisonner les puits : il y a des exécutions dans toute la France avant l'expulsion et des confiscations de biens. Le roi tire, rien qu'à Paris, 150.000 livres[10]. Cette expulsion concerne tous les Juifs de France, du Languedoc et de Bourgogne. Beaucoup de ceux du Languedoc partirent pour l'Aragon où ils subiront les persécutions de 1391 ; en France, les convertis étaient sous la surveillance pointilleuse de l'Inquisition[11].

---

[10] Plus d'une tonne d'or.
[11] Créée en France au début du XIIIème siècle contre les dogmes différents Cathares et... Templiers...

Charles IV meurt, lui aussi, sans assurer la primogéniture mâle et le trône échoit à son cousin Philippe VI, c'est l'avènement de la maison de Valois et les prémices de la guerre de cent ans.

Justement, c'est en pleine guerre de cent ans, après la grande peste noire (1347-1351) qui a vu disparaitre près de la moitié de la population européenne[12] et alibi, bien sûr, à des émeutes et des massacres encore et toujours des Juifs, notamment en Provence et en Alsace, que le roi Jean II le Bon est fait prisonnier par les Anglais à la bataille de Poitiers, le 19 septembre 1356. Les Anglais exigent une rançon énorme : 3 millions d'écus[13]. Le Dauphin Charles, futur Charles V, négocie le retour pour vingt ans des Juifs dans le royaume moyennant quelques taxes : *une taxe d'entrée de quatorze florins[14] par chef de*

---

[12] Environ 25 millions de morts. Elle a eu de nombreuses résurgences notamment en 1353 et 1355 en France.
[13] 11 tonnes et demi d'or.
[14] Un florin : 3,5 g d'or. (Près de 175 euros)

famille et d'un florin pour chaque membre, et, de plus, sept florins par an et par feu et un florin pour chaque membre de la famille. Des limites dans le temps et l'argent. Très peu semblent être revenus. En 1360, Jean le Bon est libéré en vertu du traité de Brétigny qui cède un tiers du pays aux Anglais ; la situation est difficile : il faut terminer de payer la rançon et faire face aux Grandes Compagnies, ces mercenaires démobilisés et sans solde qui pillent le royaume et entretiennent l'insécurité. Il stabilise la monnaie en créant le franc; pour les Juifs, il rétablit la rouelle.

1394 : la septième expulsion, dite définitive.

Lorsque que Charles VI dit le Bien Aimé puis, le Fou, après une première crise le 5 août 1392, accède au pouvoir, les nuages s'amoncellent. Des mesures fiscales dues à la guerre et au train de vie des oncles du roi provoquent des révoltes partout en France. En 1382, à Paris, les émeutiers détruisent les registres des receveurs publics puis envahissent le quartier juif, se déchainent, massacrent et pillent pendant plusieurs jours. Des Juifs s'enfuient chercher protection au Chatelet et dans l'Abbaye de Saint Germain des Prés où on leur enlève leurs enfants pour les baptiser de force.

L'ordre est rétabli mais la guerre continue avec l'Angleterre et les provinces. Le mécontentement populaire reste fort, on accuse les Juifs de tout : des finances exsangues du royaume, de la misère et la famine, d'empoisonner les puits en collusion avec les lépreux, des épidémies et des résurgences de la peste et même, d'être responsables de la folie du roi. L'Eglise poursuit sa propagande vénéneuse.

En réalité, c'est leur faiblesse numérique et, par conséquent, leurs limites à la contribution au Trésor royal qui, ce coup-ci, condamne les Juifs. Le retour au judaïsme d'un converti, Denis Machault, est un prétexte qui tombe à point. Les responsables sont flagellés en place publique et, finalement, par une loi du 17 septembre 1394, le roi Charles VI bannit définitivement, *sans exception ni privilège*, les Juifs qui demeurent encore dans son royaume :

> *par ces présentes délibérons, voulons, concluons et déterminons par manière de constitution irrévocable que doresnavant, nul Juif ou Juive ne habitent, demeurent, ou conversent en nostre dit royaume, ne en aucune partie d'icelluy tant en Languedoyl comme en Languedoc.* Et d'ajouter ailleurs comme les Juifs sont responsables de la famine, avec leurs départs, nous ne souffrirons plus jamais.

Il leur donne jusqu'au 3 novembre pour partir mais leur permet de réaliser leurs créances et de vendre leurs biens puis les fait protéger le long de leur trajet jusqu'aux frontières du royaume durant l'hiver 1395. Ils vont vers l'Allemagne, la Savoie, la Provence et les Etats du pape ainsi qu'en Palestine et, à l'invitation du sultan Bajazet 1er, dans les Etats ottomans notamment dans les Balkans fraichement conquis. Bajazet II accueillera plus tard des Juifs expulsés d'Espagne en 1492.

1394 est le septième édit d'expulsion des Juifs de France, le troisième en un siècle.

1491-1501 : la France s'agrandit, les expulsions s'étendent. 8 & 9èmes.

L'édit d'expulsion fut étendu aux divers grands fiefs au fur et à mesure de leur réunion à la couronne de France : la Bretagne en 1491 et, en 1498, la Provence où Louis XII doit invoquer les hérésies et mauvais exemples dans un édit d'expulsion repris le 22 mai 1500, réitéré le 31 juillet 1501 et finalement, appliqué en septembre à ceux qui ont refusé le baptême. Beaucoup partent en Palestine et en Afrique du Nord, ils s'appellent Sarfati

(Français), Narboni, Elbaz (Biterrois) etc… Certains reviendront d'Afrique du Nord en 1962.

Plus de mille ans après leur arrivée en terre de France, il ne reste plus de communautés juives qu'hors du Royaume dans les Etats du pape, en Savoie et en Alsace-Lorraine. Dans le Dauphiné, le traité de Romans de 1349 protège de l'expulsion les quelques dizaines de familles qui partiront pour l'Italie, les pays allemands et les Etats papaux de Provence sous l'effet des pressions discriminatoires et malgré les efforts de Louis XI pour les faire revenir en 1452. De même, en Savoie, les discriminations feront fuir les Juifs vers 1460 à l'exception de Nice où ils survivent dans un ghetto.

La Renaissance en France : sans Juif mais pas sans expulsion.

Le Moyen Âge s'est terminé sans plus de Juif en France, la Renaissance bouleverse l'Europe mais l'édit de 1394 de Charles VI reste définitif. Un siècle après lui, l'Espagne aussi a expulsé définitivement ses Juifs qui avaient tant œuvré à sa grandeur.

En 1505, à Cologne, un ancien boucher juif devenu dominicain, Johannes Pfefferkorn, exige de l'empereur Maximilien 1er un mandat pour saisir et brûler les écrit juifs et notamment les Talmud. Johann Reuchlin, ami d'Erasme, est chargé de vérifier s'il existe dans ces ouvrages des blasphèmes à l'égard du christianisme et n'en trouve pas. Le pape demande alors son avis à la Sorbonne qui déclare ne pas pouvoir se déjuger du fameux procès de 1240 à Paris… François 1^{er,} agacé par la polémique, déclare vouloir créer à la Sorbonne une chaire d'hébreu dotée d'une imprimerie, innovation récente. Il offre cette chaire à Elie Lévita, penseur juif, professeur d'hébreu des cardinaux romains. Lévita refuse, ne voulant pas être le seul habitant juif en France depuis 1394. Son ami Sébastiani, évêque de Corse, sur sa recommandation, prendra l'honneur de diriger le premier cette chaire. Un siècle plus tard, la tolérance n'a pourtant pas avancé en France. La Renaissance inaugure les temps modernes historiques.

1615 : la dixième expulsion, l'absurde.

Il n'y avait donc, officiellement du moins, plus de Juif en France quand en 1615, Louis XIII[15] signe, le 23 avril 1615, un édit d'expulsion enregistré le 12 mai par le parlement à Paris :

---

[15] Pseudo-régence de Marie de Médicis et Concini.

Que tous lesdits Juifs qui se trouveront en cestuy notre Royaume, terre & segneuries de notre obeyssance, seront tenus, sur peine de la vie & confiscation de tous leurs bien d'en vuider & se retirer d'iceux incontinant, & ce, dans le temps d'un mois après la publication des présentes. Cet édit royal parait étrange et absurde puisque s'appliquant aux Juifs d'un royaume sans Juif depuis près de trois siècles. La France Jüdenrein veut le rester encore.

En fait, il y en restait un : Elie de Montaldo, médecin à la Cour de Marie de Médicis et autorisé à pratiquer sa religion. Il est d'ailleurs immédiatement délégué par Louis XIII pour rassurer les conversos[16] (réfugiés juifs portugais pour certains depuis 150 ans et officiellement chrétiens) de la région de Bordeaux, Bayonne et Biarritz. Il faut dire qu'ils avaient le monopole de l'importation du cacao et le secret de la fabrication du chocolat. Il y a

---

[16] Ces Juifs importent des fèves de cacao dès 1309 et commercialisent pour la première fois en France du chocolat en 1615.

aussi quelques Juifs à Metz mais ils sont considérés comme faisant partie de l'Empire Germanique et l'édit y est sans effet… Enfin, il n'y eut pas de circulaire d'application. Etait-ce dans la corbeille pour le mariage du roi avec l'infante d'Espagne Anne d'Autriche ?

1683 : l'expulsion des juifs des Antilles ; 11ème expulsion.

Des Juifs, il y en aura de nouveau en France en 1648 quand le traité de Westphalie qui conclut la guerre de Trente Ans entre Catholiques et Protestants, apporte une partie de l'Alsace et la Lorraine[17] à Louis XIV qui n'en expulse pas les Juifs. De nombreux Juifs deviennent Français. Cependant, de Louisiane et des Antilles française (dont on dit que la capitale de la Guadeloupe, Pointe-à-Pitre, doit son nom à un Peter, Juif hollandais), le même Louis XIV en expulse les Juifs en 1683, expulsion

---

[17] Strasbourg ne devient française qu'en 1681.

confirmée par le Code Noir de 1685 dans son premier article qui ordonne à *tous nos officiers de chasser de nos dites îles tous les Juifs qui y ont établi leur résidence, auxquels, comme aux ennemis déclarés du nom chrétien, nous commandons d'en sortir dans trois mois à compter du jour de la publication des présentes.* Louis XIV, dans ce Code, se réfère à l'édit absurde de son bien aimé père. Quant aux Juifs, il s'agissait d'une population néerlandaise qui avait dû quitter le Brésil quand les Portugais et l'Inquisition en reprirent possession en 1654 et dont certains membres avaient rejoint la Nouvelle Amsterdam, future New York (et ancienne Nouvelle Angoulême). Rappelons enfin, pour la petite histoire, qu'un des derniers médecins de Louis XIV était un Juif antillais[18].

---

[18] Michel Despas.

1724 : et la Louisiane, 12ème expulsion.

En fait, le temps des expulsions parait révolu encore qu'il eut une alerte sous Louis XV en 1722 qui arrête *que les Portugais[19] doivent être dénombrés et leurs biens inventoriés avec interdiction de vente,* mais l'affaire se termine par une taxe de 110.000 livres permettant aux *Juifs desdites généralités* (Bordeaux et Auch) *connus et établis en notre royaume sous les titres de Portugais, autrement Nouveaux Chrétiens...* de rester en France. C'était en fait reconnaitre les marranes de France comme Juifs. Les Lumières étaient là et triomphaient, ce qui n'a pas empêché le gouverneur du même roi d'expulser les Juifs de Louisiane en 1724 reprenant l'édit de 1683.

Il faut rappeler ici, sans revenir sur les apports de la Révolution à l'émancipation des Juifs, que nous devons

---

[19] C'est-à-dire ceux d'Aquitaine : Livourne, Bordeaux, Bayonne et Biarritz notamment.

à Louis XVI les premières grandes avancées en la matière, d'abord des lettres patentes permettant aux juifs l'exercice de l'agriculture, du commerce et de l'artisanat en 1784 puis, le thème du concours de l'académie royale des Sciences et des Arts de 1787 : *est-il des moyens de rendre les Juifs plus utiles et plus heureux en France ?* Il prime pour ce concours le fameux mémoire du non moins fameux abbé Grégoire *Essai sur la régénération physique, morale et politique des juifs* le 23 août 1788. C'est dire le chemin parcouru...

III/ Au nom de la religion, de l'argent et de la race.

1941-44 : la 13ème expulsion par la déportation et la mort.

Bien sûr, il y eut pendant la troisième République des émeutes anti juives en Algérie en 1884, 1887 et en 1898. Un véritable embrasement avec des morts. Les élections législatives y portèrent à la Chambre 4 députés des partis *antijuifs*[20] sur 6 sièges, sans parler des maires élus sur des listes antisémites. Le seul programme de ces élus était l'antisémitisme. Aux alibis religieux puis économiques s'ajoute la notion nouvelle de « race » vouée à un avenir sanguinaire. Pour mémoire, les Juifs dits d'origine khazar furent exclus de la *solution finale* par les nazis et, au passage, notons que cela fait, au moins, six millions d'Ashkénazes non Khazars…

---

[20] Drumont et Marchal sont élus à Alger, Émile Morinaud à Constantine et Firmin Faure à Oran.

A la fin du XIXème, la haine et un déni collectif créaient des lignes de rupture politiques dans la droite nationaliste comme dans la gauche avec la Ligue socialiste antijuive[21] ! *La France juive,* un pamphlet de 1200 pages publié par Drumont en 1886 est vendu à un million d'exemplaires. Donc, bien avant l'affaire Dreyfus qui commence en 1894. Et cela, l'antisémitisme politique, a recommencé en 1925 à Oran avec le docteur Jules Molle puis, en 1933 avec l'ex-abbé Gabriel Lambert. En métropole sévissaient les Ligues… Le fantasme d'une France historiquement chrétienne et racialement homogène ! L'antisémitisme est magnifié par des hordes d'écrivains et de journalistes.

Nous en vivons aujourd'hui une résonnance bien décrite par Vladimir Jankélévich : *L'antisionisme est l'antisémitisme justifié mis enfin à la portée de tous. Il est la*

---

[21] Max Régis et Gobert par exemple.

permission d'être démocratiquement antisémite.
("*L'Imprescriptible*", 1971)

Rien n'arrête la haine en Europe malgré l'héritage des Lumières et arrive en France la période sombre de *l'Etat Français* de Pétain qui expulse les Juifs de la société française par les décrets sur le statut des Juifs. D'abord celui du 30 octobre 1940 définissant qui est de *race juive* auquel est interdit toute participation à tout corps de l'Etat y compris la justice et l'enseignement, ainsi que les fonctions d'officier dans l'armée, de direction dans la presse, l'industrie cinématographique et des spectacles, la radiodiffusion. Il est précisé : *Les fonctionnaires juifs visés aux articles 2 et 3 cesseront d'exercer leurs fonctions dans les deux mois qui suivront la promulgation de la présente loi.* L'accès aux professions libérales est limité.

L'armistice est signé le 22 juin 1940, l'Assemblée nationale vote le 10 juillet 1940, la loi constitutionnelle donnant notamment les pleins pouvoirs au

Maréchal Pétain. Le premier décret sur le statut des Juifs est publié 3 mois plus tard. L'affaire est rondement menée.

Les 3 et 11 avril puis le 2 juin 1941, ce statut voit son champ d'application élargi à d'autres professions : Banquier, changeur, démarcheur ; Intermédiaire dans les bourses de valeurs ou dans les bourses de commerce ; Agent de publicité ; Agent immobilier ou de prêts de capitaux ; Négociant de fonds de commerce, marchand de biens ; Courtier, commissionnaire ; Exploitant de forêts ; Concessionnaire de jeux ; Éditeur... Que restait-il ? Pour les Juifs, c'était un retour à la situation du Moyen Âge. La loi précise que, dans le cas des prisonniers de guerre, ces dispositions ne seront applicables aux ascendants, conjoint ou descendants d'un prisonnier de guerre que dans un délai de deux mois après la libération de ce prisonnier... et de conclure comme en 40 : La présente loi est applicable à l'Algérie, aux colonies, pays de protectorat, en Syrie et au Liban.

Le pouvoir adhère pleinement au plan nazi *vent printanier* (Ah, les allégories printanières !) de rafles à grande échelle des Juifs dans plusieurs pays européens, il commence en zone occupée, la rafle la plus connue est celle dite du Vel' d'Hiv des 16 et 17 juillet 1942. Des camps de transit ou de concentration avaient été ouverts notamment dans le Loiret[22] dès mai 1941, camps de concentration avant le départ pour les camps d'extermination ; le premier convoi de Juifs avait quitté Drancy le 27 mars 1942.

C'était sans le dire ni l'écrire, l'expulsion par la déportation et les meurtres.

---

[22] Beaune la Rolande, Pithiviers, Jargeau.

Conclusions

Pendant des siècles, l'Angleterre, la France puis, l'Espagne et le Portugal furent selon le vocable nazi *Judenrein* alors que les Juifs survivaient en Allemagne[23]. La Shoah est devenue l'énorme arbre qui masque la forêt des persécutions et exactions en Europe pendant 15 siècles.

De quoi procèdent ces expulsions ? De l'Eglise, c'est vrai, mais c'est vite dit, de pouvoirs absolutistes, aveugles et avides, puis du concept absurde de races d'un darwinisme mal digéré. L'antisémitisme procède de campagnes de rumeurs, de dénigrements, d'accusations fallacieuses qui prennent corps dans des imaginaires avec l'assentiment, voire l'assistance, des autorités. De ce point de vue, les temps sauvages ne sont manifestement pas terminés, seul manque l'assentiment. Les réactions fermes, au-delà de la simple condamnation verbale,

---

[23] A noter qu'en Scandinavie les Juifs étaient interdit jusqu'au XIXème siècle.

des autorités tardent ; les conséquences seront-elles les mêmes ?

En citoyen défenseur de la liberté et des droits de l'homme, je pense aujourd'hui la France en danger. On entend partout Israël, les Juifs ! Israël renaquit de ses cendres après les Assyriens et les Babyloniens, les Grecs et les Romains puis les Arabes et les Musulmans. Les Juifs ont toujours, non sans dommage il est vrai, survécu aux pires vicissitudes de l'Histoire y compris ici. Mais l'Histoire a toujours montré que les pays ne se sont jamais bien portés de la persécution ou de la marginalisation de leurs ressortissants juifs. Il y a un stigmate économique et social de la faillite éthique.

J'en veux pour terminer quatre citations :

D'abord Bajazet II dit le juste ou le pieux (1447-1512) qui n'était pas judéophile mais déclara à propos des rois espagnols après l'expulsion des Juifs en

1492 : *on dit Ferdinand un prince avisé mais il appauvrit son royaume et enrichit le mien...*

Puis Blaise Pascal, (1623-1662) à l'aube des Lumières : *Car alors que les Peuples de Grèce et d'Italie, de Sparte, d'Athènes et de Rome et d'autres venus bien plus tard, ont disparu depuis si longtemps, celui-là existe encore, malgré les efforts de nombreux rois si puissants, qui ont essayé des centaines de fois de les effacer...* puis : *Ma rencontre avec ce peuple me stupéfie...*

Et encore, Olive Schreiner (1855-1920), fille d'un pasteur méthodiste, romancière (la nuit africaine) et militante sociale sud-africaine : *L'étude de l'histoire de l'Europe au cours des siècles passés nous enseigne une leçon uniforme : que les nations qui ont reçu et d'une certaine manière ont traité avec justice et clémence les Juifs, ont prospéré et que les nations qui les ont torturés et opprimés ont tracé eux-mêmes leur propre fléau.*

Enfin : Jean Cluzel, Secrétaire perpétuel de l'Académie dans sa conclusion du colloque « La tolérance

religieuse dans les Etats contemporains »
du 19 décembre 2000 : *Plutôt que de
condamner les hommes du passé, mieux vaut
d'ailleurs regarder vers notre avenir et chercher les
voies d'un monde où chacun ait le droit d'être ce
qu'il est à condition de reconnaître ce droit aux
autres.*

Iconographies

Encyclique du pape Grégoire X
(1272)

Bien qu'ils préfèrent persister dans leur entêtement plutôt que de reconnaître les paroles de leurs prophètes et les mystères de l'Écriture, et donc de parvenir à la connaissance de la foi chrétienne et au salut; néanmoins, dans la mesure où ils ont lancé un appel pour notre protection et notre aide, nous avons donc admis leur pétition et de leur offrons le bouclier de la nôtre protection grâce à la clémence de la piété chrétienne. Ce faisant, nous suivons les traces de nos prédécesseurs, de mémoire bénie, les papes de Rome - Calixte, Eugène, Alexandre, Clément, Innocent, et Honorius. Nous décrétons en outre que nul chrétien doit obliger l'un ou l'une quelconque de leur groupe de venir au baptême à contrecœur. Mais si l'un d'entre eux prend refuge de son plein gré avec les chrétiens puis, après que son intention aura été manifeste, il doit être un chrétien sans aucune intrigue. Car, en effet, celui qui est connu pour n'être pas venu librement au baptême chrétien mais contre son gré, ne possède pas la foi chrétienne. De plus aucun chrétien ne doit se saisir, emprisonner, blesser, torturer, mutiler, tuer ou infliger violence sur eux, de plus nul ne peut présumer, à l'exception d'une action judiciaire des autorités du pays, changer les bonnes coutumes dans le pays où ils vivent dans le but de prendre leur argent ou des biens à eux ou d'autres personnes. En outre, nul ne peut les déranger de quelque manière lors de la célébration de leurs fêtes , que ce soit de jour ou de nuit, avec des bâtons ou des pierres ou n'importe quoi d'autre. Aussi nul ne peut exiger aucun autre service obligatoire d'eux, si ce n'est celle qu'ils ont l'habitude de rendre des époques antérieures. Dans la mesure où les Juifs ne sont pas en droit de témoigner contre les chrétiens, nous décrétons en outre que le témoignage des chrétiens contre les juifs ne sont pas valables à moins qu'il n'existe entre ces chrétiens certain Juif qui est là dans le but d'offrir des témoignages. Comme il arrive parfois que certains chrétiens perdent leurs enfants, les Juifs sont accusés par leurs ennemis d'avoir enlevé secrètement et tué ces enfants chrétiens et de faire des sacrifices du cœur et le sang de ces mêmes enfants. Il arrive aussi que les parents de ces mêmes enfants, ou quelques autres ennemis chrétiens de ces Juifs, cachent secrètement ces mêmes enfants afin qu'ils puissent être en mesure de nuire à ces Juifs, et afin qu'ils puissent être en mesure d'extorquer eux un certain montant d'argent. Et le plus faussement ces chrétiens prétendent que les Juifs ont secrètement et furtivement emporté ces enfants et les ont tués, et que les Juifs ont offert des sacrifices du cœur et le sang de ces enfants, leur droit en la matière précisément et expressément interdit aux Juifs de sacrifier, manger ou boire le sang, ou de manger la chair des animaux ayant des griffes. Cela a été démontré à plusieurs reprises lors de notre cour par des Juifs convertis à la foi chrétienne: les juifs néanmoins très nombreuses sont souvent saisis et retenus injustement à cause de cela. Nous décrétons donc que les chrétiens ne doivent pas être suivi contre les Juifs dans un cas ou dans une situation de ce type, et nous ordonnons que les Juifs saisis en vertu d'un tel prétexte ridicule soient libérés de prison, et qu'ils ne pourront être arrêtés dès à présent sur un tel misérable prétexte, à moins que - ce que nous ne croyons pas - ils soient pris dans la perpétration du crime. Nous décrétons que aucun chrétien ne doit remuer quelque chose de nouveau contre eux, mais ils doivent être maintenus dans cette situation et de la position dans laquelle ils étaient à l'époque de nos ancêtres, depuis l'antiquité jusqu'à aujourd'hui. Nous décrétons dans le but d'arrêter la méchanceté et l'avarice des hommes mauvais, que nul ne peut oser dévaster ou de détruire un cimetière des Juifs ou de déterrer les corps humains pour gagner de l'argent. Par ailleurs, si quelqu'un, après avoir connu le contenu de ce décret, devrait - nous l'espérons, ne se fera pas - essayer d'agir avec audace contrairement à elle, puis le laisser souffrir la punition à son rang et sa position, ou qu'il soit puni de la peine d'excommunication, à moins qu'il ne fait amende honorable pour son audace par sa rémunération. De plus, nous souhaitons que les Juifs qui n'ont pas essayé de s'arranger quoi que ce soit à la destruction de la foi chrétienne est renforcée par le soutien d'une telle protection ...

Extrait de la Chronique rimée de Geoffroi de Paris, pour 1306[24] :

L'an mil trois cens six, en cel an
 Furent les juifs pris à pan:
De ce ne fas-je mie doute,
Faus Juis qui ne voient goute
En nostre loi chretiennée
Furent pris, à une jornée,
Droit le jor de la Magdelaine
Mainte grant prison en fu plaine.

Je dis seignors, comment qu'il aille,
Que l'intencion en fu bonne,
Mès pire en es mainte personne
Qui devenu est usurier,
Et en sera ça en arrièr
Trop plus assez qu'estre ne sceut
Dont tout povre gent se deut;
Car Juifs furent débonnères
Trop plus en fesant telz affaires
Que ne furent ore chrestien.

---

[24] La chronique couvre de 1300 à 1316

Geoffroi de Paris narre les rafles des juifs opérées le 22 juillet 1306. Cette expulsion des Juifs ordonnée par le roi Philippe IV le Bel ne figure sur aucun édit retrouvé mais les clercs de Philippe le Bel produisent tout un arsenal de circulaires prescrivant la spoliation des biens meubles et immeubles, privés et communautaires des juifs du royaume. Les diverses sources latines, françaises et hébraïques décrivent la dimension tragique de cet épisode tant pour l'histoire de la France, que pour celle du judaïsme.

TEXTE DE L'EDIT DE 1394

...Comme la pieça[25] feu nostre très chier seigneur et père le Roy Charles que Dieu absoille, alt permis et consenti en son vivant, que plusieurs juifs soient venuz demeurer en ce royaume, parmi certaines modifications et limitacions plus plain contenues en lettres sur ce faictes et aux dits juifs octroïées et aussi semblablement quant nous receusmes premierement après le trépas de feu nostredit seigneur et père, la dignité royal de nostre royaume, avons confirmé lesdictes lettres à eulx octroïées par nostredit feu seigneur et père ; et aussi leur aïons octroïées les nostres esquelles sont plus à plain contenus certains privileges et ordonnances sur la maniere de leur demourance et aussy sur leur manière de prester ; moïennant et selon la teneur

---

[25] Mot invariable du vieux français signifiant «depuis longtemps»

desquelles nos austres lettres , ils ont demouré jusque à ores en nostredit royaume, tant en Languedoc comme en languedoyl ; et cuidions et esperions que selon la teneur de nos dictes lettres, ils deussent vivre et eulx regler et gouverner quant aux conversations et affaires qu'ils auroient avec les chrétiens, et non venir en aucune manière encontre, ainsi que promis l'avoient ; et nous aïons esté de longtemps et par plusieurs fois informez par personnes dignes de foy, et aussi noz procureurs et officiers, de plusieurs grans plaintes et clameurs qui leur venoient chascun jour des excès et délz que les diz juifs faisoient et font chascun jour sur les christians ; et pour ce noz diz procureurs et officiers aïent faictes plusieurs informacions par lesqelles il appert manifestement iceulx juifs et juifves avoir commis et perpetré plusieurs crimes, excès et déliz, et en maintes manières avoir délinqué, espécialmant contre nostre foy, et aussi contre le contenu de noz dictes lettres à eulx octroyées ; Savoir faisons que nous ces choses considérées, et pour aucunes autres causes ou considéracions qui à ce nous meuvent et doivent mouvoir, nous par saine et meure délibéracion de plusieurs de nostre sanc et autres de nostre grand conseil, avons délibéré, voulu, conclu et déterminé, et par ces présentes déliberons, voulons, concluons et déterminons par manière d'établissement ou constitution irrévocable, que doresnavant nul juif ou juifve ne habitent, demeurent ou conversent en nostredit royaume ne en aucune partie d'iceluy, tant en Languedoyl comme en Languedoc ; et pour ce avons ordonné noz autres lettres esquelles est contenu la manière de l'exécution des choses dessus dictes. Si donnons en mandement au prevost de Paris, et à tous noz autres justiciers et officiers, présens et à venir, ou à leurs lieuxtenans, et à chascun d'eulx, si comme à lui appariendra, que nostre présente déterminacion, vouloir, conclusion et ordonnance, ils exécutent chascun en droit soy de point en point selon leur contenu, en procédant diligemment à l'entérinement d'icelles, et à faire vuidier iceulx juifs et juifves de nostredit royaume, selon la fourme et teneur de noz dictes autres lettres, en tele manière que nul n'en puisse ou doye estre reprins d'erreur ou de négligence : car ainsi le voulons nous estre fait nonobstant quelconques lettres de privilèges ou autres à eulx octroïées par feu nostredit Seigneur et père et par nous soubz quelconques fourmes de paroles quelles que elles oient ou ayent été faictes, lesquelles et tout leur effect et vertu, nous revocquons et rappellons, et les abolissons et mettons du tout au néant par la teneur de ces présentes. En temoing de ce, nous avons fait mettre nostre séel à ces présentes. Donné à Paris, le XVIIe jour de septembre, l'an de grace 1394 et de nostre regne le XVe. Par le Roy en son conseil, messires les ducs de Berry, d'Orléans et de Bourbonnois, vous (le chancelier), le vicomte de Meleun, et plusieurs autres présens.

2. TEXTE DE L'EDIT DE 1615

Extraits de la déclaration du 23 avril 1615 enregistrée au parlement le 8 mai :

Les Roys, nos prédécesseurs, s'étant toujours conservés ce beau titre de très chrétiens que nous possédons aujourd'hui, ont eu par conséquent en horreur toutes les nations ennemies de ce nom, et surtout celles des juifs, qu'ils n'ont jamais voulu souffrir résider en leurs royaumes,... ... que tous les dits juifs qui se trouveront en cestuy nostre royaume, pays, ... seront tenus, sous peine de la vie et de la confiscation de tous leurs biens, d'en vaider et se retirer hors d'iceux, incontinent, et ce, dans le temps et terme d'un mois, après la publication des présentes, tant ... faisant très expresses inhibitions et défenses, sur les mêmes peines de la vie et confiscation des biens, à tous nos sujets de les y recevoir, assister, ny converser avec eux, le dit temps passé et où, après ladite publication et terme expiré, il s'en trouvera en quelque lieu que ce puisse être de nostre dit royaume, pays, terres et seigneuries de nostre obéissance, nous voulons aussi qu'il soit ectraordinairement et incessamment procédé contre eux, à la requête de nos procureurs généraux et leurs substituts, selon la rigueur de nos dits édits et ordonnances, que nous voulons estre exactement éxécutés et inviolablement gardés et observés contre les dits juifs.

Bibliographie sommaire

1. L'Expulsion des Juifs de France 1394 sous la direction de Gilbert Dahan, Cerf, Paris 2004

2. 1306 L'expulsion des Juifs du royaume de France, Céline Balasse, préface Gérard Nahon, Bruxelles, de Boeck, 2008

3. Histoire des Juifs en France, Bernhard Blumenkrantz, Privat, Toulouse, 1972

4. Histoire des Juifs, Heinrich Graetz 1853-1875 (consultable en ligne)

3. Les juifs du Midi: une histoire millénaire, Danièle Iancu et Carol Iancu, Éditions A. Barthélemy, 1995

4. Juifs du Languedoc, de la Provence, et des États français du pape, Armand Lunel, Albin Michel, 1975

5. Provences, Gérard Israël, J C Lattès, Paris 1996, ed du Tricorne, Genève 2002

6. Philippe le Bel et les Juifs du royaume de France (1306), Sous la direction de Danièle Iancu-Agou — Avec la collaboration d'Élie Nicolas, Paris, Cerf 2012

7. L'expulsion Des Juifs De Provence Et De L'europe Méditerranéenne (Xve-Xvie Siècles) - Exils Et Conversions Danièle Iancu-Agou, Perters Paris Louvain 2005

8. Les premières implantations de Juifs en France, du Ier siècle au début du Ve siècle, Bernhard Blumenkrantz, Comptes rendus de l'académie des inscriptions et Belles Lettres, année 1969, vol 113, n°1, pp 162-174

9. Histoire des Juifs de France, Philippe Bourdrel, Albin Michel, Paris1974

10. Le Brûlement du Talmud à Paris, 1242-1244, sous la direction de Gilbert Dahan, Paris Cerf, 1999

11. La Maison Sublime, L'École rabbinique et le Royaume juif de Rouen, Jacques-Sylvain Klein, Point de vues, Rouen, 2006

12. L'expulsion Des Juifs De France, L'histoire N° 139

13. Les juifs en Bretagne Ve-XXe siècles, Claude Toczé, Annie Lambert, Presses Universitaire de Rennes, Rennes 2006

14. « Le statut légal des minorités religieuses dans l'espace Euroméditerranéen (Ve – XVe siècles) » in projet recherche (2010-2015) RELMIN dirigé par John Tolan, pour l'European Research Council, 2011.

15. Rigord, Histoire de Philippe Auguste, traduction française d'E. Carpentier, G. Pon & Y. Chauvin, CNRS, Paris, 2006.

Quelques références internet

1. http://www.histoiredesjuifs.com
2. http://hebreunet.free.fr/histjuif.htm
3. http://www.kronobase.org/chronolo
gie-categorie-
Expulsions+des+Juifs.html
4. http://www.alliancefr.com/actualite/
antisemitisme/memoire/exposition.h
tml
5. http://chrisagde.free.fr/capetiens/ph
2juifs.htm
6. http://www.archivesdefrance.culture.
gouv.fr/archives-publiques/
7. http://www.archivesdefrance.culture.
gouv.fr/action-
culturelle/celebrationsnationales/200
6/vie-politique-et-institutions/l-
expulsion-des-juifs-par-philippe-le-bel
8. http://objectiffrance.fr/2012/11/les-
juifs/
9. http://www.bible-ouverte.ch/cours-
formation-biblique/complements-
credo/2019- 621-historique.html

10. https://fr.wikipedia.org/wiki/Histoir e_des_Juifs_en_France

11. http://fr.wikipedia.org/wiki/%C3%8 9dit_d'Expulsion_(1306)

12. http://hal.inria.fr/docs/00/64/99/0 9/PDF/lachry.pdf

13. http://www.msh.univ-nantes.fr/07222627/0/fiche___articl e/

Remerciements à :

Julien Benaïm et Josiane Sbero

pour leur enthousiasme et leur pugnacité,
je vous dois de m'être attelé à la tâche.